W0233254

Liebes Erstkommunionskind,

in diesem Buch findest du in jedem Kapitel
Texte aus der Bibel,
Gedichte, Gebete, Gedanken,
einen besonderen Wunsch
und ab und zu einen lustigen Reim
(wie du ihn mit deiner Erstkommunionsgruppe
machen könntest).

Viel Freude beim Schmökern!

Birgit und Georg Bydlinski

Was ich dir
zur Erstkommunion
wünsche

Ganz
persönlich
nur für
DICH!

Mit Bildern
von Birgitta Heiskel

Tyrolia-Verlag · Innsbruck–Wien

Inhalt

... dass du immer wieder Neues an der Schöpfung entdeckst

Ich freu mich an der Welt
und wünsche dir das auch.

Gebet mit meinen Händen

Wenn ich mit meinen Händen
über einen Stein streiche
(hier ist er glatt, hier rau),

wenn ich ein leeres Schneckenhaus
auf dem Gartenweg finde,
es auswasche und reinige,

wenn ich den ersten reifen Apfel
vom Ast pflücke,
ihn mit den Fingern umfasse,

dann bete ich mit meinen Händen,
danke ich für die Vielfalt der Welt,
lobe ich Gott ohne Worte.

Warst du schon einmal bei einer Lama-Wanderung mit?
Da hast du eine Leine in der Hand und führst ein Lama.
Man geht gemeinsam durch die Natur, vorbei an blühenden
Büschen. Die Lamas lassen sich geduldig führen.
Es ist schön, ihre Ruhe zu spüren.

Ich wünsche dir, dass auch du die Natur mit einer großen
Freude entdecken kannst. Tiere, Pflanzen, Berge, Seen –
die ganze Schöpfung ist wunderbar!

Tischmutter, Tischvater,
Tischdackel, Tischkater…

Du lässt die Quellen hervorsprudeln,
die Bäche eilen zwischen den Bergen dahin.
Allen Tieren des Feldes spenden sie Trank,
auch die Wildesel stillen ihren Durst.
An den Ufern wohnen die Vögel des Himmels,
aus den Zweigen erklingt ihr Gesang.

(nach Psalm 104, 10–12)

... dass andere dir helfen
und dich trösten

Ich wünsche dir,
dass du dich
nie allein fühlst!

Trostlied

Jeder tut sich einmal weh,
das gehört dazu.
Jeder wird auch mal getröstet –
er, sie, ich und du!

Es gibt Nebel, es gibt Sonne,
und vielleicht ist's so:
Nur wer einmal traurig war,
wird auch richtig froh.

Sind die Tränen abgewischt
und lacht dir wer entgegen,
rufst du: „So ein schöner Tag!"
oder: „So ein Segen!"

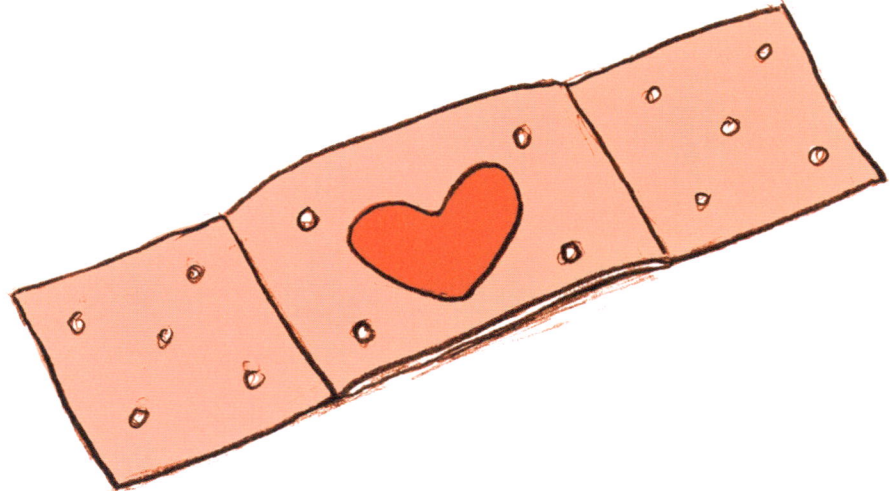

Hast du dir schon einmal wehgetan
und es hat dir gleich jemand geholfen?

Wie schön ist es, wenn du spürst:
Da ist wer, auf den kann ich mich verlassen,
ich bin nicht allein, es hat mich wer lieb!

Sesselkreis, Sessellehne,
Sesselbein, Sesselzähne …

Gott weiß, was jeder von euch braucht,
noch bevor ihr ihn darum bittet.

(nach Matthäus 6, 8b)

... dass deine Tage
voller Freude sind

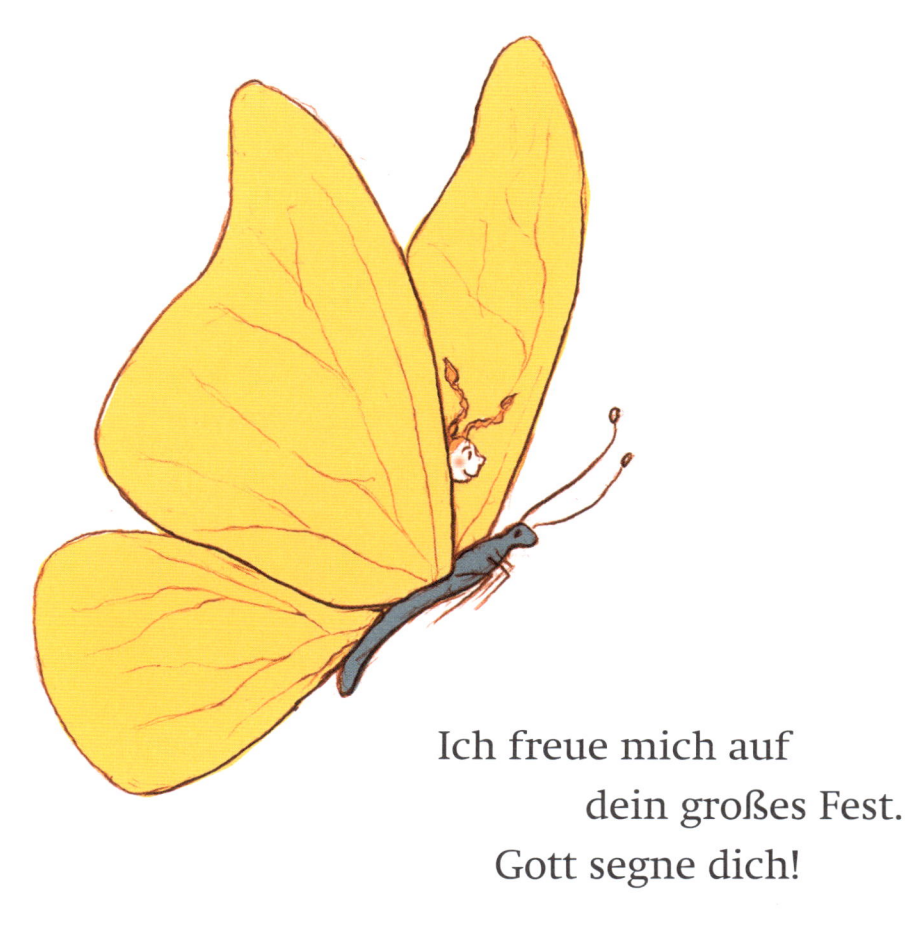

Ich freue mich auf
dein großes Fest.
Gott segne dich!

Stöbertag

Es gibt Tage,
da stöbere ich gern
in meinen alten Sachen.

Ich krame Legosteine
aus dem großen Karton,
blaue, gelbe, grüne.

Ich baue mir daraus
ein Fantasietier
und nenne es Nilpferdesel.

Dann blättere ich
in meinen Büchern,
lese, schaue die Bilder an.

Es ist gemütlich.
Die Zeit wird so langsam.
Ich freue mich still.

Es gibt Tage,
da krame ich gern
in allen meinen Schubladen.

Ich finde Dinge,
die ich schon lange
verloren glaubte.

Danke, Gott, dass das Leben
auch Ruhe-Zeiten kennt –
und Überraschungen!

Stöberst auch du manchmal gern in deiner
Spielzeugkiste? Du findest vielleicht Dinge, die du
schon lange nicht mehr in der Hand gehabt hast,
und erinnerst dich daran, von wem du
sie bekommen hast.

Manchmal ist es einfach schön,
in Ruhe seine Sachen zu betrachten.

Kinderbibel, Kinderchor,
Kinderfloh im Kinderohr ...

Singt und spielt für ihn,
denkt an all seine Wunder!

(nach 1 Chronik 16,9)

... dass du immer jemanden an deiner Seite hast

Ich wünsche dir einen Freund oder
eine Freundin auf all deinen Wegen.

Freunde

Freunde sind wichtig
zum Rudern und Reiten,
Freunde sind wichtig
zum Freunde-Begleiten,

Freunde sind wichtig
zum Aufgabenmachen,
Freunde sind wichtig
zum Weinen und Lachen,

Freunde sind wichtig
zum Träumen und Reden,
Freunde sind einfach
wichtig für jeden!

Hast du einen besten Freund oder
eine beste Freundin?
Es ist toll, Freunde zu haben und
vieles gemeinsam zu erleben.

Wie schön ist es, wenn man sich
miteinander freuen kann!

Kirchenorgel, Kirchenglocken,
Kirchenkleider, Kirchensocken ...

Wenn eine Frau zehn Münzen hat
und eine davon verliert,
zündet sie dann nicht eine Lampe an,
kehrt das ganze Haus und sucht unermüdlich,
bis sie das Geldstück findet?
Und wenn sie es gefunden hat,
ruft sie ihre Freundinnen und
Nachbarinnen zusammen und sagt:
„Freut euch mit mir – ich habe die Münze
wiedergefunden, die ich verloren hatte!"

(nach Lukas 15, 8–9)

... dass du immer bereit bist
zu verzeihen

Ich wünsche dir, dass dir
das Verzeihen leichtfällt.

Zusammengerauft

Sandra und Simon
hatten Streit,
doch hat der Streit
sie nicht entzweit:

Sie wuchsen durch ihn
erst so richtig zusammen
und pflegen nun gegen-
seitig die Schrammen.

Hattest du mit deinem Freund oder deiner Freundin
schon einen großen Streit? Vielleicht war einer
von euch verärgert und wütend und dadurch unfair.
Oft braucht es dann eine Weile, bis man sich
wieder vertragen kann.

Wie gut, wenn Freundschaft stärker ist als Streit!

Kerzenflamme, Kerzenwachs,
     Kerzenleuchter, Kerzendachs ...

Alles, was ihr von den anderen erwartet,
das tut auch ihr ihnen!

(Die Goldene Regel, nach Matthäus 7,12a)

... dass du immer
jemanden hast,
der mit dir teilt

Im Teilen liegt Segen. Teilen bringt Liebe.
Ich wünsche dir Freude am Teilen!

Was man alles teilen kann

Schinkenbrot und Schokokuchen,
die Spannung beim Verstecke-Suchen,
das Fußballfeld, den Eislaufplatz,
einen langen Schachtelsatz,
ein Bild, das man gemeinsam malt,
ein Buch, das man zu zweit bezahlt,
ein Lied, das man zusammen singt,
den Ärger, den man niederringt,
den Jubel nach dem Siegestor –
und ein „Ich hab dich lieb" ins Ohr ...

Liebes Erstkommunionskind,

du hast dich in deiner Gruppe gut auf dein Fest vorbereitet und weißt, was Jesus für uns getan hat. Er hat uns mit dem Brot-Teilen gezeigt, dass er alles aus Liebe zu uns getan hat.

Auch wir können teilen und damit andere froh machen. Herzliche Glück- und Segenswünsche zu deiner Erstkommunion!

Feierlaune, Feiertag,
    Feier-Himbeereis mit Schlag ...

Jesus nahm Brot, sprach das Dankgebet,
brach es und reichte es seinen Freunden.

(nach Lukas 22, 19a)

Birgit Bydlinski, geb. 1955, Dr. theol., unterrichtete als Religionspädagogin an Volksschule und AHS. Gemeinsam mit ihrem Mann verfasste sie mehrere Bücher, darunter auch eine Kinderbibel; bei Tyrolia: „Miteinander können wir vieles" und „Mein Album zur Erstkommunion".

Georg Bydlinski, geb. 1956, Mag. phil., studierte Anglistik und Religionspädagogik und ist seit 1982 freier Schriftsteller. Für seine rund 90 Bücher erhielt er zahlreiche Auszeichnungen, u. a. den Österreichischen Staatspreis für Kinderlyrik und den Österreichischen Kinder- und Jugendbuchpreis.

Birgitta Heiskel, geb. 1962, studierte an der Hochschule für Bildende Künste in Braunschweig. Ist seit 1990 als freischaffende Illustratorin hauptsächlich für Buch- und Zeitschriftenverlage in Wien tätig. U. a. ausgezeichnet mit dem Österreichischen Kinder- und Jugendbuchpreis.

© Verlagsanstalt Tyrolia, Innsbruck

Umschlagillustration: Birgitta Heiskel

Wünsche und Gedanken: Birgit Bydlinski

Gedichte und Gebete: Georg Bydlinski

Erstkommuniongruppenreime: Birgit und Georg Bydlinski

Satz- und Layoutgestaltung: Nele Steinborn

Schriften: Swift Neue Pro, Kandira

Druck und Bindung: DZS Grafik, Slowenien

ISBN 978-3-7022-3728-8

E-Mail: buchverlag@tyrolia.at

Internet: www.tyrolia-verlag.at

Facebook: Tyrolia Verlag Kinderbuch

FSC
www.fsc.org

MIX
Papier aus verantwor-
tungsvollen Quellen
FSC® C106600